AF156863

BEI GRIN MACHT SICH IHR
WISSEN BEZAHLT

- Wir veröffentlichen Ihre Hausarbeit,
  Bachelor- und Masterarbeit

- Ihr eigenes eBook und Buch -
  weltweit in allen wichtigen Shops

- Verdienen Sie an jedem Verkauf

Jetzt bei www.GRIN.com hochladen
und kostenlos publizieren

Bibliografische Information der Deutschen Nationalbibliothek:

Die Deutsche Bibliothek verzeichnet diese Publikation in der Deutschen National-
bibliografie; detaillierte bibliografische Daten sind im Internet über http://dnb.d-
nb.de/ abrufbar.

Impressum:

Copyright © 2014 GRIN Verlag
Druck und Bindung: Books on Demand GmbH, Norderstedt Germany
ISBN: 9783668651807

Dieses Buch bei GRIN:

https://www.grin.com/document/414516

Anonym

Die Verfolgung der Zeugen Jehovas im Nationalsozialismus

GRIN Verlag

GRIN - Your knowledge has value

Der GRIN Verlag publiziert seit 1998 wissenschaftliche Arbeiten von Studenten, Hochschullehrern und anderen Akademikern als eBook und gedrucktes Buch. Die Verlagswebsite www.grin.com ist die ideale Plattform zur Veröffentlichung von Hausarbeiten, Abschlussarbeiten, wissenschaftlichen Aufsätzen, Dissertationen und Fachbüchern.

Besuchen Sie uns im Internet:

http://www.grin.com/

http://www.facebook.com/grincom

http://www.twitter.com/grin_com

Die Verfolgung der Zeugen Jehovas im Nationalsozialismus

mit Blick auf das Konzentrationslager Niederhagen

Inhaltsverzeichnis

1. Einleitung

Die Zeugen Jehovas sind in der heutigen Zeit wohl eine der umstrittensten christlichen Glaubensgemeinschaften. Sie gelten als Menschen, die ihre Mitmenschen dadurch belästigen, dass sie an deren Haustüren klingeln und mit ihnen über Gott und ihren Glauben reden wollen. Die meisten Menschen wimmeln die Zeugen Jehovas sofort wieder ab oder schlagen ihnen sogar die Haustür vor den Kopf. Ist dies wirklich der richtige Weg? Die meisten wissen nicht einmal was es mit dem Glauben der Zeugen Jehovas und ihren Überzeugungen überhaupt auf sich hat. Sie sehen die Zeugen Jehovas als eine lästige Sekte an und meiden sie. Man sollte meinen, dass in der heutigen Zeit und in der modernen Gesellschaft in der wir zu leben glauben eine andersdenkende Glaubensrichtung kein Problem darstellt, dennoch finden die Zeugen Jehovas außerhalb ihrer Mitgliedsreihen so gut wie keine Akzeptanz.

In meiner Hausarbeit möchte ich mich jedoch nicht auf die aktuelle Situation der Zeugen Jehovas beschäftigen. Stattdessen thematisiere ich in dieser Ausarbeitung die Lage der Zeugen Jehovas zur Zeit des Nationalsozialismus` in Deutschland. Vielen Menschen ist nicht einmal bekannt, was die Zeugen Jehovas in dieser Zeit durchstehen mussten. Sie denken lediglich an die Juden, welche unter den Nationalsozialisten zu leiden hatten. Doch die Zeugen Jehovas – welche damals noch Bibelforscher genannt wurden – waren ebenfalls Opfer des Nationalsozialismus`. Sie wurden verfolgt, gefangen genommen und in Konzentrationslagern gefangen gehalten. Dies wird in der heutigen Zeit jedoch zu selten thematisiert, sodass es fast komplett aus den Köpfen der Menschen verschwunden ist.

In der Schule wird die Gruppe der Zeugen Jehovas als Opfer gar nicht weiter dargestellt und auch in den Gedenkstätten werden sie – wenn überhaupt – nur kurz am Rand erwähnt. Warum ist dies so? Schließlich handelt es sich nicht gerade um wenige Menschen, die zu dieser Opfergruppe zu zählen sind. Des Weiteren ist das Schicksal der „vergessenen Opfer"[1] und ihr Umgang mit diesem durchaus erwähnenswert und interessant.

---

[1] Krenzer, Michael, aus: http://www.mkrenzer.de/nrwdid/unterricht.htm, Zeile 24.

Speziell thematisieren möchte ich in meiner Hausarbeit, warum die Zeugen Jehovas überhaupt zu den verfolgten Gruppen zählten. Auch möchte ich mich damit beschäftigen, wie die Zeugen Jehovas in den Konzentrationslagern behandelt worden sind und wie sie es schafften, diese schwierige Zeit durchzustehen. Ein spezielles Augenmerk möchte ich dabei auf das Konzentrationslager Niederhagen legen, welches sich nur unweit von Paderborn befindet. Die Gedenkstätte des einstigen Konzentrationslagers thematisiert zu dem als eine der wenigen überhaupt die Opfergruppe der Zeugen Jehovas und trägt somit dazu bei, dass ihr Schicksal nicht komplett in Vergessenheit gerät.

Da das Thema erst wieder seit etwa den 90er Jahren Aufmerksamkeit findet, war ich umso mehr verwundert, dass es doch eine recht gute Grundlage an Literatur zu diesem Thema gibt.[2]

Ich habe mich für Literatur entschieden, von der ich denke, dass sie das Thema angemessen behandelt und einen guten Überblick bietet.

Unter anderem habe ich mich für das Werk von Hans Hesse mit dem Titel „‚Am mutigsten waren immer wieder die Zeugen Jehovas'. Verfolgung und Widerstand der Zeugen Jehovas im Nationalsozialismus" aus dem Jahr 1999 entschieden.

Bezüglich der Einzelschicksale bin ich auf das Werk von Kirsten John-Strucke, Michael Krenzer und Johannes Wrobel mit dem Titel „12 Jahre – 12 Schicksale. Fallbeispiele zur NS-Opfergruppe Jehovas Zeugen in Nordrhein-Westfalen" gestoßen und mir anhand diesem Einzelschicksale zur Verdeutlichung des Themas herausgesucht, um sie in meiner Forschungsarbeit darzustellen. Leider geht das Buch nicht sehr tief ins Detail, sodass die Einzelschicksale recht knapp dargestellt werden, dennoch überzeugt es durch Authentizität.

Auch das von Kirsten John-Strucke und Andreas Pflock herausgegebene Werk „Widerstand aus christlicher Überzeugung – Jehovas Zeugen im Nationalsozialismus: Dokumentation einer Tagung" aus dem Jahr 1998 werde ich für meine Hausarbeit nutzen, da dieses meines Erachtens nach gute und informationsreiche Aufsätze zu der von mir gewählten Thematik enthält.

---

[2] Vgl.: ebd..

2. Die Zeugen Jehovas im Nationalsozialismus

2.1 Eine Einführung in die Glaubensgemeinschaft der Zeugen Jehovas

Aufgrund dessen, dass ich in meiner Forschungsarbeit die Glaubensgemeinschaft der Zeugen Jehovas und deren Schicksal von 1933-1945 thematisieren werde, möchte ich an dieser Stelle eine kurze Einführung in deren Glauben geben.

Die Glaubensgemeinschaft der Zeugen Jehovas gibt es bereits seit etwa 1870 und seit etwa 1890 hat ihre Überzeugung auch in Europa Anklang gefunden. Sie nannten sich zu Beginn noch „Ernste Bibelforscher" und erst ab 1931 offiziell „Zeugen Jehovas". Zwischen 1918 und 1926 nahm die Zahl der Angehörigen der „Internationalen Bibelforscher-Vereinigung", wie die Glaubensgemeinschaft sich offiziell nennt, rapide zu und versechstfachte sich so fast. Der Gründer der Glaubensgemeinschaft war der aus den USA stammende Charles Taze Russell, welcher seit 1879 über die Zeitschrift „Zions Watch Tower" seine Botschaft verkündete, dass Jesus Christus für die Menschen unsichtbar auf die Erde zurückgekehrt sei, um schon bald das Tausendjährige Reich zu errichten und die Menschen damit zu erlösen.[3]

Heute sind uns die einstigen „ernsten Bibelforscher" besonders dadurch bekannt, dass sie von Tür zu Tür gehen und ihren Glauben vermitteln wollen oder in den Innenstädten ihre Zeitschrift den Wachturm (oder aber auch „Zions Watch Tower) verteilen.

Wenn wir an Jehovas Zeugen denken, dann sehen wir diese eher negativ. Diese eher negative Einstellung gegenüber den Zeugen Jehovas ist jedoch nicht neu. Stattdessen hatten die Zeugen Jehovas schon von Beginn an mit Anfeindungen und Gelächter zu kämpfen.[4] Besonders werden und wurden sie wegen ihrer Überzeugungen verspottet. Unter anderem, weil sie die Meinung vertreten, dass die sogenannte Endzeitschlacht „Harmagedon" und der damit verbundene Untergang der „Alten Welt", welche sich auf Politik,

---

[3] Vgl.: Garbe, Detlev, Die Verfolgung der Zeugen Jehovas im nationalsozialistischen Deutschland – Ein Überblick, in: John-Strucke, Kirsten, Pflock, Andreas, Widerstand aus christlicher Überzeugung – Jehovas Zeugen im Nationalsozialismus: Dokumentation einer Tagung, Essen, 1998, Seite 16f.

[4] Vgl.: Hacke, Gerald, Die Zeugen Jehovas im Dritten Reich und in der DDR. Feindbild und Verfolgungspraxis, Göttingen, 2011,Seite 21.

Kapital und Kirche stützte, nicht mehr lange auf sich warten ließe. Zudem vertreten sie die Lehre von der puren Rassengleichheit, was besonders dem nationalsozialistischem Regime ein Dorn im Auge war.[5]

Für die beiden Großkirchen galt die Glaubensgemeinschaft der ernsten Bibelforscher als eine bedrohliche Sekte. So kam es auch, dass der Konflikt der Kirchen und der noch so neuen Glaubensgemeinschaft in den zwanziger Jahren eskalierte. Schon zu Beginn ihres Bestehens hatten die Zeugen Jehovas also nicht gerade einen leichten Standpunkt in der Gesellschaft.[6]

Nach einem Führungswechsel bei den Zeugen Jehovas zu Joseph Franklin Rutherford wurden einige Veränderungen in der Glaubenslehre vorgenommen. Diese sind jedoch eher als zusätzliche Verstärkungen ihre Aussagen anzusehen. So stellten sie ab diesem Zeitpunkt auch fest, dass Christen – zu welchen sie sich zählten – alleine der göttlichen Macht gehorsam sein mussten und nicht etwa der staatlichen Regierung.[7]

Nach diesen zusätzlichen neuen Aussagen der Zeugen Jehovas und der zu der Zeit aufstrebenden Regierung der Nationalsozialisten bildeten die Zeugen Jehovas sich immer mehr zum Feindbild heraus. So wurde Ende der zwanziger Jahre darauf gedrängt Jehovas Zeugen ohne Rücksicht zu bekämpfen, da diese "Wegbereiter des jüdischen Bolschewismus" seien. Zudem wurde die Glaubensgemeinschaft ab dem Frühjahr 1933 als erste Glaubensgemeinschaft in allen deutschen Ländern verboten.[8] Zu der Verfolgung der Zeugen Jehovas im Nationalsozialismus möchte ich im Folgenden detaillierter kommen, daher werde ich dieses Thema an dieser Stelle nun nicht weiter vertiefen.

Grundlegend lebten die Zeuge Jehovas streng nach dem Wort Gottes, welches sie sich durch eigene Bibelauslegungen erarbeiteten.[9]

Insgesamt ist an dieser Stelle zu sagen, dass die Zeugen Jehovas in der Vergangenheit viele Feinde hatten: Patrioten, die in ihnen Vaterlandsverräter

---

[5] Vgl.: Garbe, Detlev, Seite 16.
[6] Vgl.: ebd., Seite 16.
[7] Vgl.: ebd., Seite 16.
[8] Vgl.: ebd., Seite 17.
[9] Vgl.: John, Kirsten, „Mein Vater wird gesucht…". Häftlinge des Konzentrationslagers in Wewelsburg, Münster, 1998, Seite 39.

sahen, Vertreter des autoritären Staates, die das gesellschaftliche Chaos befürchteten, das Militär, aufgrund der Kriegsverweigerung, Judenhasser, da sie die Zeugen Jehovas als Teil einer jüdischen Verschwörung ansahen, Rassisten, da sie streng gegen Rassismus waren, sowie die Kommunistenhasser, da sie an eine bolschewistische Weltverschwörung glaubten.[10]

Trotz der vielen Schwierigkeiten bestand die Glaubensgemeinschaft der Zeugen Jehovas weiter und fasst heute eine Zahl von etwa fünf Millionen Mitgliedern.[11]

Im Folgenden möchte ich nun genauer auf die bereits angeschnittene Verfolgung der Zeugen Jehovas im Nationalsozialismus eingehen. Zudem werde ich auch die Auswirkungen dessen und den Umgang der Zeugen Jehovas mit der Situation thematisieren.

2.2 Die Verfolgung der Zeugen Jehovas und deren Auswirkungen

In diesem Teil meiner Forschungsarbeit möchte ich mich speziell der Verfolgung der Zeugen Jehovas im Nationalsozialismus und deren Auswirkungen auf das Leben der Zeugen Jehovas widmen. Weiter möchte ich an dieser Stelle ansprechen, wie es dazu kommen konnte, dass die Zeugen Jehovas zu vergessenen Opfern wurden. Hierzu ist es zunächst einmal wichtig zu erläutern, warum die Zeugen Jehovas im Dritten Reich überhaupt mit einer solchen Immensität verfolgt wurden?

Wie bereits erwähnt hatten Jehovas Zeugen aufgrund ihrer starken Überzeugungen viele Feinde in der Vergangenheit. Allerdings möchte ich an dieser Stelle nur die Auseinandersetzungen beziehungsweise Differenzen mit den Nationalsozialisten thematisieren.

Um die Differenzen zwischen den Zeugen Jehovas und den Nationalsozialisten kompakt und deutlich aufzuzeigen, habe ich eine

---

[10] Vgl.: Ritscher, Wolf, Bildungsarbeit an den Orten nationalsozialistischen Terrors. „Erziehung nach, in und über Auschwitz hinaus", Weinheim (u.a.), 2013, Seite 137f.
[11] Vgl.: Garbe, Detlev, Seite 16.

vergleichende Grafik herausgesucht, welche diese meiner Meinung nach sehr gut aufzeigt:

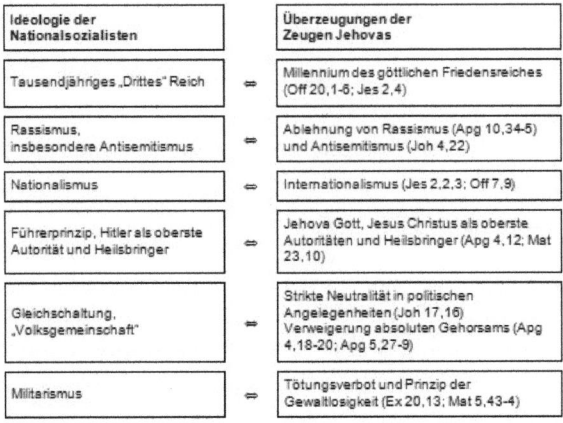

Ideologie der Nationalsozialisten		Überzeugungen der Zeugen Jehovas
Tausendjähriges „Drittes" Reich	⇔	Millennium des göttlichen Friedensreiches (Off 20,1-6; Jes 2,4)
Rassismus, insbesondere Antisemitismus	⇔	Ablehnung von Rassismus (Apg 10,34-5) und Antisemitismus (Joh 4,22)
Nationalismus	⇔	Internationalismus (Jes 2,2,3; Off 7,9)
Führerprinzip, Hitler als oberste Autorität und Heilsbringer	⇔	Jehova Gott, Jesus Christus als oberste Autoritäten und Heilsbringer (Apg 4,12; Mat 23,10)
Gleichschaltung, „Volksgemeinschaft"	⇔	Strikte Neutralität in politischen Angelegenheiten (Joh 17,16) Verweigerung absoluten Gehorsams (Apg 4,18-20; Apg 5,27-9)
Militarismus	⇔	Tötungsverbot und Prinzip der Gewaltlosigkeit (Ex 20,13; Mat 5,43-4)

Tabelle 1: Dimensionen des Konflikts

Abbildung 1: Gegenüberstellung der Differenzen

An der Gegenüberstellung kann man sehen, dass die Zeugen Jehovas sich stets auf die Bibel berufen und ihr Leben nach dem Wort Gottes ausrichten. In der Grafik werden sechs Punkte gegenübergestellt, welche für die Nationalsozialisten sehr elementar waren. Man kann sofort feststellen, dass die Überzeugungen der Zeugen Jehovas mit denen der Nationalsozialisten unvereinbar waren. Sowohl bei dem Punkt Nationalismus gegen Internationalismus als auch bei dem Punkt der höchsten Macht gehen die Meinungen der beiden Ideologien weit auseinander. Aufgrund des Internationalismus`, von welchem die Zeugen Jehovas überzeugt sind, waren sie schon direkt nach der Machtübernahme der Nationalsozialisten im Jahr 1933 von der von den Nationalsozialisten ausgeübten Zwangsgewalt und den ausgehängten sogenannten schwarzen Listen betroffen.[12] Auch der Punkt des Militarismus ist gegenüber dem Prinzip der Gewaltlosigkeit unvereinbar.

---

[12] Vgl.: Milton, Sybil, Zeugen Jehovas – vergessene Opfer?, in: John-Strucke, Kirsten, Pflock, Andreas, Widerstand aus christlicher Überzeugung – Jehovas Zeugen im Nationalsozialismus: Dokumentation einer Tagung, Essen, 1998, Seite 32.

Auf Grund des Tötungsverbotes und dem Prinzip der Gewaltlosigkeit wurden die Zeugen Jehovas zudem auch zu Kriegsdienstverweigerern und stellten dadurch einen erneuten Dorn im Auge der Nationalsozialisten dar.[13] In der Literatur werden Jehovas Zeugen sogar als „Kriegsdienstverweigerer großen Stils"[14] betitelt, da diese in ihrer Gesamtheit zur Kriegsdienstverweigerung propagierten und dies auch fast durchgängig in den Reihen der Glaubensgemeinschaft durchführten.[15]

Doch auch die beiden Großkirchen – die protestantische und die katholische – waren darauf bedacht die Zeugen Jehovas auszuschalten. Sie riefen sogar dazu auf, der Gestapo durch Spitzeldienste behilflich zu sein, um die Zeugen Jehovas schneller loszuwerden.[16]

Die oben von mir aufgeführten Gründe und die eingefügte Tabelle zu den Dimensionen des Konflikts zeigen hier nur einen kleinen Einblick in die Gründe für die Verfolgung der Zeugen Jehovas im nationalsozialistischen Deutschland. Jehovas Zeugen wurden von dem nationalsozialistischen Regime verfolgt, da diese sich nicht der deutschen Volksgemeinschaft unterordnen wollten. Sie lebten streng nach den Vorgaben der Bibel und sahen ihre Überzeugungen daher im Gegenspruch zu dem, was von der Regierung von ihnen verlangt worden ist. So verweigerten sie den „Hitlergruß", den Fahneneid, die Teilnahme an Wahlen oder Spendenaktionen, sowie den Eintritt in die verschiedenen NS-Organisationen. Kurz gesagt: Sie weigerten sich so ziemlich gegen alles, was die Nationalsozialisten von ihnen verlangten.[17]

Am 7. Oktober 1934 – also ziemlich genau vor 70 Jahren – begann der organisierte Widerstand der Zeugen Jehovas gegen die nationalsozialistische Hitler-Regierung.[18]

---

[13] Vgl.: Ritscher, Wolf, Seite 137.
[14] Slupina, Wolfram, Verfolgt und fast vergessen, in: Hesse, Hans[Hrsg.], „Am mutigsten waren immer wieder die Zeugen Jehovas". Verfolgung und Widerstand der Zeugen Jehovas im Nationalsozialismus, Bremen, 1999, Seite 319, Zeile 44.
[15] Vgl.: ebd., Seite 319.
[16] Vgl.: Garbe, Detlev, Seite 17.
[17] Vgl.: John, Kirsten, Seite 39f.
[18] Vgl.: Milton, Sybil, Seite 29.

Im Jahr 1934 kündigten die Zeugen Jehovas an gegen das Verbot ihrer Glaubensgemeinschaft vorzugehen und weiter standhaft zu bleiben. Durch diese Drohung von Seiten der Zeugen Jehovas war Hitler umso mehr erbost und wollte die Glaubensgemeinschaft noch umso mehr ausgerottet sehen.[19] 20.000 Telegramme aus ganz Europa und den USA trafen im Oktober 1934 bei der Hitler-Regierung ein. Statt jedoch der erhofften Rücknahme der strengen Verfolgungsmaßnahmen, kam es zur Radikalisierung der Verfolgung und Unterdrückung.[20] Bevor die Bibelforscher in die Konzentrationslager deportiert wurden, mussten sie nämlich bereits andere Verfolgungsmaßnahmen – unter anderem auch Gefängnisstrafen – durchstehen. Diese zielten darauf ihre wirtschaftliche und soziale Existenzgrundlagen zu vernichten.[21]

Die Zeugen Jehovas hatten als einzige religiös Verfolgte Gruppe ein eigenes Erkennungszeichen in den Konzentrationslagern: den lila Winkel (in der nachfolgenden Grafik rot umkreist).[22] Dieses Erkennungszeichen trugen die Häftlinge auf der linken Brustseite direkt über ihrer zugewiesenen schwarzen Häftlingsnummer.[23]

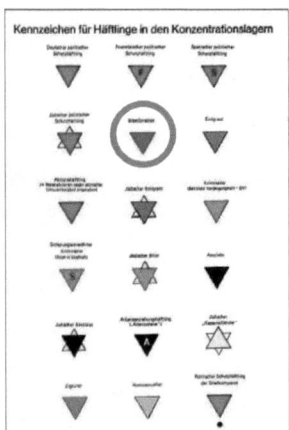

Abbildung 2: Kennzeichnen der KZ-Häftlinge

[19] Vgl.: Slupina, Wolfram, Seite 318.
[20] Vgl.: Milton, Sybil, Seite 29.
[21] Vgl.: ebd.: Seite 40.
[22] Vgl.: Friedlander, Henry, Kategorien der KZ-Häftlinge, in: Hesse, Hans[Hrsg.], „Am mutigsten waren immer wieder die Zeugen Jehovas". Verfolgung und Widerstand der Zeugen Jehovas im Nationalsozialismus, Bremen, 1999, Seite 16.
[23] Vgl.: Slupina, Wolfram, Seite 319.

Man sollte meinen, dass solche Erlebnisse, wie sie den Zeugen Jehovas und den anderen Verfolgten des nationalsozialistischen Regimes zugefügt wurden, einander auf Lebenszeit verbindet. Stattdessen verfolgten die Kommunisten nur wenige Jahre nach der Zeit des Nationalsozialismus, in welcher sie gemeinsam mit den Zeugen Jehovas inhaftiert waren, Jehovas Zeugen und sperrten sie erneut hinter Gitter. Besonders erschreckend ist daran, dass von den Verfolgten der DDR-Regierung bereits etwa 250 Personen in Konzentrationslagern inhaftiert waren. Des Weiteren waren von den 55 in Haft verstorbenen Zeugen Jehovas in der DDR, bereits 51 im Dritten Reich inhaftiert.[24]

Von den rund 25.000 Zeugen Jehovas im Deutschen Reich unterlagen 97% den Verfolgungsmaßnahmen der nationalsozialistischen Regierung. Die Belegstärke in den Konzentrationslagern betrug immerhin zwischen fünf und zehn Prozent – in Einzelfällen sogar mehr.[25] Aufgrund der Kriegsdienstverweigerung wurde die Zeugen Jehovas im BRD-Entschädigungsrecht nicht als Opfer angesehen und gelten unter anderem auch aus diesem Grund als vergessene Opfer.[26]

2.3 Widerstand aus christlicher Überzeugung: Wie die Zeugen Jehovas die Zeit des Nationalsozialismus durchstanden

„Am mutigsten waren immer wieder die Zeugen Jehovas"[27], so betitelt Hans Hesse sein 1999 herausgegebenes Buch über die Verfolgung der Zeugen Jehovas im Nationalsozialismus und damit war er nicht der einzige. Was es mit dieser Wertung über die Zeugen Jehovas nun aber genau auf sich hat, möchte ich nun im Folgenden erläutern.

---

[24] Vgl.: ebd., Seite 318f.
[25] Vgl.: ebd., Seite 319.
[26] Vgl.: Milton, Sybil, Seite 30.
[27] Hesse, Hans[Hrsg.], „Am mutigsten waren immer wieder die Zeugen Jehovas". Verfolgung und Widerstand der Zeugen Jehovas im Nationalsozialismus, Bremen, 1999, Buchdeckel.

Nachdem die Glaubensgemeinschaft 1933 als erste überhaupt verboten wurde und 1934 ihren Widerstand gegen die Auflösung ihrer Glaubensgemeinschaft ankündigte, sendeten – wie bereits erwähnt – Angehörige der Glaubensgemeinschaft aus ganz Europa und den USA Protesttelegramme an die Reichskanzlei, um das Verbot aufzuheben. Währenddessen planten die Zeugen Jehovas aber auch schon eine illegale Fortführung ihrer Tätigkeit, welche im Versteckten geschehen sollte.[28] Noch bis in das Jahr 1935 versuchten Jehovas Zeugen eine Lockerung der Verfolgungsmaßnahmen zu erreichen. Diese Versuche blieben jedoch erfolglos.[29]

Während Hitler im Dritten Reich zu immer mehr Macht kam, gerieten Jehovas Zeugen immer mehr in den scharfen Gegensatz zu der Regierung.[30] Da die Zeugen Jehovas sich streng nach den Worten der Bibel richten, kann man ihr Motto zum Widerstand wohl am ehesten mit einem Zitat aus der Bibel beschreiben: „Man muß (sic!) Gott mehr gehorchen als den Menschen" (Apg5,29).[31] So verweigerten die Zeugen Jehovas auch den Hitlergruß, da es ihrer Überzeugung entsprach, dass „Heil" nur Gott selbst zugesprochen werden durfte. Auch weigerten sie sich der Deutschen Arbeitsfront beizutreten. Dies wiederum führte dazu, dass viele Zeugen Jehovas aus ihren Arbeitsstellen entlassen wurden.[32]

Da Jehovas Zeugen sich zudem auch noch weigerten ihre Kinder in die Hitlerjugend zu geben, wurde ihnen sogar das Sorgerecht für diese entzogen.[33]

Trotz alledem blieben die Zeugen Jehovas willensstark und beugten sich nicht den Grundsätzen der Regierung. Ihr Glaube stand weiterhin an erster Stelle für sie. Sie wurden in mehreren Verhaftungswellen in hoher Anzahl vor Gericht gestellt und in die Konzentrationslager deportiert. Statt einer Akzeptanz ihrer Lage, intensivierten die Bibelforscher ihre Untergrundarbeit,

---

[28] Vgl.: Krenzer, Michael, aus: http://www.mkrenzer.de/nrwdid/fachwiss1.htm.
[29] Vgl.: Garbe, Detlev, Seite 19.
[30] Vgl.: ebd., Seite 19.
[31] Vgl.: Krenzer, Michael, aus: http://www.mkrenzer.de/nrwdid/fachwiss1.htm.
[32] Vgl.: Garbe, Detlev, Seite 19.
[33] Vgl.: ebd., Seite 19.

woraufhin auch die Gewalt gegenüber den Zeugen Jehovas immer weiter zunahm.[34]

Auch in den Konzentrationslagern hielten sie noch immer standhaft an ihrem Glauben fest und weigerten sich, sich den Vorstellungen des nationalsozialistischen Regimes auf Kosten ihrer Überzeugungen zu unterwerfen. In der Literatur werden die Zeugen Jehovas sogar als „Märtyrer des christlichen Glaubens"[35] bezeichnet.

Die Zeugen Jehovas hätten durch eine Erklärung ihre Entlassung aus dem Konzentrationslager bewirken können, allerdings taten dies die allermeisten nicht, da es ihren Überzeugungen widersprechen würde.[36] Sie waren mit ihrem Glauben so sehr verbunden, dass sie eher den märtyrerhaften Tod starben, als dass sie den Glauben aufgegeben hätten und eine solche Erklärung (den Revers) zu unterschreiben.[37] Stattdessen weigerten sie sich bei der Rüstungs- und Waffenherstellung zu helfen und nahmen so auch Misshandlungen in Kauf. Jehovas Zeugen sagten von sich, dass sie durch eine innere Kraft der Überzeugung geleitet wurden. Auch aus diesem Grund weigerten sie sich an Laueraufständen teilzunehmen, sowie sie auch die Lagerflucht ablehnten.[38] Die Bibelforscher ertrugen ihr Schicksal ohne wenn und aber, da sie an einen größeren Plan Gottes glaubten und ihre Bestrafung als Prüfung Gottes ansahen. Gott – oder Jehova, wie sie ihn stets nannten – gab ihnen die Kraft zum Überleben.[39] Sie ertrugen ohne Widerspruch Demütigungen und auch körperliche Misshandlungen, da alles andere ihrem Glauben widersprochen hätte. Selbst als die Lage also noch so hoffnungslos schien, hielten die Zeugen Jehovas an ihrem Glauben fest und traten nicht von diesem zurück, um dem Leid aus dem Weg zu gehen.[40] Die Aussage, dass die Zeugen Jehovas immer am stärksten gewesen seien, fasst

---

[34] Vgl.: ebd., Seite 20.
[35] ebd., Seite 20, Zeile 16.
[36] Vgl.: Ritscher, Wolf, Seite 142.
[37] Vgl.: Krenzer, Michael, aus: http://www.mkrenzer.de/nrwdid/material32.htm.
[38] Vgl.: Garbe, Detlev, Seite 22.
[39] Vgl.: Daxelmüller, Christoph, Solidarität und Überlebenswille. Religiöses und soziales Verhalten der Zeugen Jehovas in Konzentrationslagern, in: Hesse, Hans[Hrsg.], „Am mutigsten waren immer wieder die Zeugen Jehovas". Verfolgung und Widerstand der Zeugen Jehovas im Nationalsozialismus, Bremen, 1999, Seite 23.
[40] Vgl.: Garbe, Detlev, Seite 22.

insgesamt sehr gut zusammen, inwieweit sie Widerstand aus christlicher Überzeugung leisteten und sich nicht unterkriegen ließen.

3. Das Konzentrationslager Niederhagen und die Häftlinge mit dem lila Winkel

Das Konzentrationslager Niederhagen befand sich in der kleinen Ortschaft Wewelsburg, welche nur etwa fünfzehn Autominuten von Paderborn entfernt ist. Aus diesem Grund habe ich mich für dieses Konzentrationslager entschieden. Zudem handelt es sich bei der Gedenkstätte des Konzentrationslagers Niederhagen um eine der wenigen, welche die Opfergruppe der Zeugen Jehovas speziell für Schülergruppen thematisieren und ihre Verfolgung damit nicht in Vergessenheit geraten lassen. Auch wenn heute nicht mehr viel von dem Konzentrationslager selbst zu sehen ist, prägt dieses bis heute doch sehr die Geschichte der kleinen Ortschaft.

Zwischen 1939 und 1945 wurden mehr als 300 Zeugen Jehovas in das Konzentrationslager Niederhagen in Wewelsburg gebracht und gefangen gehalten.[41] Zuerst diente das Konzentrationslager Niederhagen als Außenlager für das Konzentrationslager Sachsenhausen. Um die Gesellschaft finanziell zu entlasten, wurde 1941 das bis dahin betitelte Außenlager selbstständig, da es an den Staat verkauft wurde.[42]

Im Jahr 1939 wurden erst einmal sogenannte Befristete-Vorbeuge-Häftlinge in das Konzentrationslager deportiert. Diese wurden im Februar 1940 durch 70 Zeugen Jehovas ausgetauscht. Dies geschah unter anderem deswegen, weil es durch Fluchtversuche zu Todesfällen kam und dies wiederum

---

[41] Vgl.: John-Strucke, Kirsten, Der "Lila Winkel" in Wewelsburg, in: John-Strucke, Kirsten, Pflock, Andreas, Widerstand aus christlicher Überzeugung – Jehovas Zeugen im Nationalsozialismus: Dokumentation einer Tagung, Essen, 1998, Seite 40.

[42] Vgl.: John-Strucke, Kirsten, Zeugen Jehovas im Konzentrationslager Wewelsburg, in: Hesse, Hans[Hrsg.], „Am mutigsten waren immer wieder die Zeugen Jehovas". Verfolgung und Widerstand der Zeugen Jehovas im Nationalsozialismus, Bremen, 1999, Seite 64.

schlechte Presse bedeutete. Da die Zeuge Jehovas dafür bekannt waren keine Fluchtversuche zu unternehmen, da dies gegen ihren Glauben gesprochen hätte, wurden sie zu der perfekten Häftlingsgruppe gegen schlechte Presse.[43] Nach weiteren Transporten mit Zeugen Jehovas aus den Konzentrationslagern Sachsenhausen und Buchenwald waren im Mai bereits circa 220 Häftlinge im Konzentrationslager Niederhagen inhaftiert, welche ausschließlich dieser verbotenen Glaubensgemeinschaft angehörten.[44] Sowohl von Februar bis August 1940, als auch von April 1943 bis zur Befreiung am 2. April 1945 waren Jehovas Zeugen sogar die einzige Häftlingsgruppe im Konzentrationslager Niederhagen und somit auch das sogenannte Restkommando.[45]

Heinrich Himmler, welcher die Wewelsburg zum Mittelpunkt der SS-Herrschaft machen wollte, nutzte die Arbeitskraft der Zeugen Jehovas, da diese als äußerst gewissenhafte und talentierte Handwerker galten und so seinem Bauprojekt nutzten. Auch aus diesem Grund wählte Himmler gezielt seine Häftlinge und orderte diese aus anderen Konzentrationslagern, wodurch es sich meist nicht um sogenannte „Neueinweisungen" handelte.[46] Zwar bildeten die Zeugen Jehovas nicht die größte Häftlingsgruppe im Konzentrationslager Niederhagen, doch sie waren dennoch von zentraler Bedeutung für das Lager, da sie aufgrund ihrer Verhaltensweise die Lagersituation entscheidend beeinflussten.[47] Durch ihren Glauben und ihr Leben vor der Haft waren die Zeugen Jehovas bereits zur Zeit ihrer Inhaftierung eine sehr starke Gemeinschaft und geprägt von dem Zusammengehörigkeitsgefühl. Während der Inhaftierung führte dies zu eng aufeinander bezogenen Gruppenstrukturen innerhalb der Glaubensgemeinschaft. Durch intensive Pflege der Kranken und Verwundeten, kam es zu weniger toten Opfern unter den Zeugen Jehovas.[48]

---

[43] Vgl.: John-Strucke, Kirsten, Der "Lila Winkel" in Wewelsburg, Seite 40ff.

[44] Vgl.: ebd., Seite 40ff.

[45] Vgl.: John-Strucke, Kirsten, Zeugen Jehovas im Konzentrationslager Wewelsburg, Seite 65.

[46] Vgl.: ebd., Seite 41f.

[47] Vgl.: John, Kirsten, „Mein Vater wird gesucht...".Häftlinge des Konzentrationslagers in Wewelsburg, Münster, 1998, Seite 136.

[48] Vgl.: John-Strucke, Kirsten, Zeugen Jehovas im Konzentrationslager Wewelsburg, Seite 67f.

So kam es, dass von den insgesamt 306 inhaftierten Zeugen Jehovas „nur"
19 starben, während von den 903 anderen deutschen Häftlingen 357
Menschen starben.[49]

Die Zeugen Jehovas wurden besonders zu handwerklichen Arbeiten
eingesetzt. Da sie – wie bereits unter 2.3 erwähnt – aufgrund ihres Glaubens
keine Fluchtversuche machten, wurden sie auch außerhalb des Lagers für
Straßenbauarbeiten und anderen handwerklichen Arbeiten, welche
besonderes Vertrauen erforderten eingesetzt.[50] Auch setzte man Jehovas
Zeugen für Botengänge und Kalfaktorendienste ein.[51] An dieser Stelle ist
auch zu erwähnen, dass die Zeugen Jehovas im Konzentrationslager
Niederhagen stets alle wichtigen Funktionsämter übernahmen, obwohl sie
sich eigentlich versuchten von diesen Ämtern fernzuhalten. Aufgrund ihrer
Gewissenhaftigkeit waren sie jedoch laut der SS die richtige Wahl für diese
Ämter.[52]

Zur Anfangszeit des Konzentrationslagers hatte jeder Häftling noch sein
eigenes Bett, nach einiger Zeit jedoch stiegen die Häftlingszahlen derart in
die Höhe, dass die Baracken völlig überbelegt waren.[53]

Auch im Konzentrationslager Niederhagen bildeten die Zeugen Jehovas eine
enge Gemeinschaft mit einem starken Zusammengehörigkeitsgefühl. Sie
spendeten sich gegenseitig Trost und sorgten für eine ausgeglichene
materielle Versorgung innerhalb der Häftlingsgruppe mit dem lila Winkel.[54]

Während sie sich immer nur ihrem Glauben verpflichtet sahen, versuchten
sie sogar im Konzentrationslager noch ihre Mitmenschen zu missionieren.[55]

Zusammenfassen ist zu diesem Punkt zu sagen, dass die Zeugen Jehovas
die Geschichte des Konzentrationslagers Niederhagen stark prägten und
auszeichneten.

---

[49] Vgl.: John, Kirsten, Seite 46f.
[50] Vgl.: ebd., Seite 45f.
[51] Vgl.: ebd., Seite 140.
[52] Vgl.: John-Strucke, Kirsten, Der "Lila Winkel" in Wewelsburg, Seite 44f.
[53] Vgl.: ebd., Seite 46.
[54] Vgl.: ebd., Seite 49.
[55] Vgl.: John-Strucke, Kirsten, Zeugen Jehovas im Konzentrationslager in Wewelsburg, Seite 69.

4. Drei ausgewählte Schicksale von Zeugen Jehovas im Nationalsozialismus

In diesem Teil meiner Hausarbeit möchte ich mit Hilfe des Buches „12 Jahre – 12 Schicksale. Fallbeispiele zur NS-Opfergruppe Jehovas Zeugen in Nordrhein-Westfalen" von Kirsten John-Strucke, Michael Krenzer und Johannes Wrobel aus dem Jahr 2006 drei Schicksale genauer unter die Lupe nehmen: die von Hans Thoenes, Ernst Meyer und Karl Schurstein. Ich habe diese drei mit Bedacht ausgewählt, da sie meiner Meinung nach die Situation der Zeugen Jehovas im Nationalsozialismus sehr gut darstellen.

4.1 Hans Thoenes

Auch wenn der Fall von dem 1925 in Moers geborenen Hans Thoenes nichts direkt mit dem Konzentrationslager Niederhagen zu tun hat, möchte ich mich dennoch mit diesem in meiner Ausarbeitung beschäftigen, da er einen Aspekt des Umgangs mit den Zeugen Jehovas im Dritten Reich meines Erachtens nach gut aufzeigt. Ich habe mich an dieser Stelle einem Interview mit Hans Thoenes bedient. Hierbei ist es allerdings wichtig zu beachten, dass es sich bei seinen Aussagen immer um subjektive Äußerungen handelt und diese emotionsgebunden sind. Diese Emotionsgebundenheit halte ich in diesem Fall aber nicht für hinderlich, da ich über direkte Schicksale berichten will und solche Schicksale nun mal nicht unabhängig von Emotionen existieren würden.

„An dem Tag, als sie mich holten, sagte er: ‚Hans komm mal, es ist soweit'"[56]. Mit diesem Satz beschrieb Hans Thoenes in einem Interview von 1998 wie er im Alter von 13 Jahren 1938 von einem Gestapo-Offizier aus der Schule abgeholt worden ist und so den Eltern entzogen wurde.

Die Eltern von Hans Thoenes wurden bereits vor 1938 wie Aussätzige behandelt. So wurde seiner Mutter Katharina Thoenes befand sich bereits in Haft und sein Vater Heinrich Thoenes war aufgrund seiner religiösen Haltung

---

[56] Krenzer, Michael, Bericht über ein Interview mit Hans Thoenes, April 1998, (direktes Zitat von Hans Thoenes), aus: http://www.mkrenzer.de/nrwdid/material11.htm.

von der Firma Krupp entlassen worden.[57] Das Sorgerecht über Hans wurde den Eltern entzogen, weil diese der Glaubensgemeinschaft der Zeugen Jehovas angehörten und so nicht in das Bild der nationalsozialistischen Regierung passten. Weiter würde der dreizehnjährige Hans Thoenes negativ durch seine Eltern beeinflusst werden und dadurch sei er „im hohen Grade geistig und sittlich verwahrlost [...] hinsichtlich seiner Einstellung gegenüber dem Staat"[58].[59]

Für die Familie Thoenes endete die Zeit des Nationalsozialismus insoweit positiv, als dass sie alle drei überlebten.[60] Was sie im Nachhinein jedoch alles zu verarbeiten und nachzuholen hatten, wünscht man wohl nicht einmal seinem schlimmsten Feind.

4.2 Ernst Meyer

Bei dem Fallbeispiel von Ernst Meyer (geboren im Jahr 1983) handelt es sich eigentlich um ein Familienschicksal. Sowohl seine Frau, Henriette Meyer (geboren im Jahr 1896), als auch seine Kinder – unter anderem Erich Meyer (geboren im Jahr 1925) - und die Hausangestellte der Familie, Luise Pakull (geboren im Jahr 1895), waren ebenfalls vom im Folgenden beschriebenen Schicksal betroffen.[61]

Die aus Rheydt stammende Familie Meyer stand am 4. August 1944 aufgrund von illegaler Verbreitung von Flugblättern und der Ausübung ihres Glaubens mit vier weiteren Zeugen Jehovas in Berlin vor dem Volksgerichtshof. Dort wurden sie aufgrund von sogenannter „Wehrkraftzersetzung in Verbindung mit landesverräterischer Begünstigung des Feindes"[62] zum Tode verurteilt.[63]

---

[57] Vgl.: John-Strucke, Kirsten, Krenzer, Michael, Wrobel, Johannes, 12 Jahre – 12 Schicksale. Fallbeispiele zur NS-Opfergruppe Jehovas Zeugen in Nordrhein-Westfalen 1933-1945, Münster, 2006, Seite 16.
[58] ebd., Seite 16, Zeile 18ff.
[59] Vgl.: ebd., Seite 16.
[60] Vgl.: ebd., Seite 17.
[61] Vgl.: ebd., Seite 28.
[62] ebd., Seite 28, Zeile8f.
[63] Vgl.: ebd., Seite 28.

Um ihren Standpunkt zusätzlich zu betonen verurteilten die Nationalsozialisten die Angeklagten zusätzlich noch zu „lebenslangem Ehrverlust"[64]. Diese zusätzliche Strafe im Urteil wäre eigentlich überflüssig gewesen, wenn man bedenkt, dass die Angeklagten sowieso sterben sollten, dennoch war es dem nationalsozialistischen Regime wichtig, auch diesen Punkt zu betonen.

Man könnte jedoch auch meinen, dass Ernst Meyer es auf ein so hartes Urteil angelegt habe. Er wurde vor seiner Verurteilung zum Tode bereits zweimal – nämlich 1936 (für fünf Monate) und 1938 (für acht Monate – bereits inhaftiert. 1944 folgte dann eine weitere Haft für das Ehepaar Meyer und deren Hausangestellte Luise Pakull. Auf diese Haft folgte das bereits erwähnte Gerichtsverfahren, bei welchem sie zur Hinrichtung verurteilt wurden.[65]

Trotz allem hielten die Eheleute Meyer und auch Luise Pakull an ihrem Glauben fest. Sie empfanden keinerlei Reue und hatten nach eigenen Aussagen auch keine Angst vor dem Tod, da sie davon überzeugt waren, dass sie eines Tages wiederkehren würden.[66]

Ihre Kinder brachten Ernst und Henriette Meyer bei bekannten Zeugen Jehovas unter. Erich Meyer – der älteste Sohn der Eheleute – weigerte sich Wehrdienst zu leisten und verlor infolge dessen seinen Arbeitsplatz. Zudem wurde er ebenfalls in Haft genommen. Es wird angenommen, dass auch er hingerichtet worden ist.[67]

Die am 4. August 1944 verurteilten Zeugen Jehovas wurden schließlich im Dezember des gleichen Jahres, sowie im Januar des Folgejahres mit Hilfe des Fallbeils – besser bekannt als Guillotine – hingerichtet. Henriette Meyer musste am 8. Dezember 1944 zusammen mit Luise Pakull sterben. Drei Tage nach ihnen wurde auch ihr Mann Ernst Meyer hingerichtet.[68]

Heute erinnert eine Gedenktafel in Neuss an das Schicksal von Ernst Meyer und seinen Mitverurteilten.[69]

---

[64] ebd., Seite 28, Zeile11.
[65] Vgl.: ebd., Seite 28.
[66] Vgl.: ebd., Seite 28.
[67] Vgl.: ebd., Seite 28f.
[68] Vgl.: ebd., Seite 29.
[69] Vgl.: ebd., Seite 29.

An diesem von mir ausgewähltem Beispiel wird deutlich, wie hart die nationalsozialistische Regierung in den späteren Jahren gegen die Zeugen Jehovas vorging. Anscheinend wollten sie damit auch ein Zeichen setzen, dass sie sich nicht täuschen lassen, wenn diejenigen, die bereits in Haft waren, nichts dazugelernt haben und, dass sie keine leeren Drohungen aussprechen.

4.3 Karl Schurstein

Das dritte und letzte von mir ausgewählte Schicksalsbeispiel betrifft den aus Herne stammenden Karl Schurstein (geboren im Jahr 1896).

Karl Schurstein bekannte sich erst in den 1920er Jahren zur Glaubensgemeinschaft der Zeugen Jehovas. Er diente im ersten Weltkrieg als Soldat – was sein Schicksal wohl umso unbegreiflicher wirken lässt. Während seines Wehrdienstes an der Front verlor der Vater von drei Kindern eines seiner Beine und konnte von da an seinem Beruf als Mechaniker nicht mehr nachgehen. Er trat der Vereinigung der Bibelforscher bei und fand so einen neuen Lebensmittelpunkt.[70]

In den Reihen der Zeugen Jehovas hatte er eine zentrale Stellung. Er war nämlich der Bezirksdienstleiter im Raum Westfalen-Lippe.[71]

Nach dem Verbot der Glaubensgemeinschaft im Jahr 1933 führte Karl Schurstein seine Tätigkeit als Bezirksdienstleiter im Untergrund weiter. Er gab sich als Vertreter für Seifen- und Friseurartikel aus und warb von Tür zu Tür für seinen Glauben. Zudem organisierte er Lagerplätze für die verbotenen Schriften des „Zion`s Watch Tower", nachdem die Druckerei polizeilich geschlossen wurde.[72]

Die illegal fortgeführte Tätigkeit von Karl Schurstein blieb unter der Hitler-Regierung nicht unentdeckt und somit auch nicht ohne Folgen. Im Jahr 1934 wurde Schurstein das erste Mal Verhaftet. Es folgte eine weitere Verhaftung im April 1936, auf welche im November des gleichen Jahres ein sogenannter

---

[70] Vgl.: ebd., Seite 24.
[71] Vgl.: Krenzer, Michael, aus: http://www.mkrenzer.de/nrwdid/leit11.htm.
[72] Vgl.: John-Strucke, Kirsten, Krenzer, Michael, Wrobel, Johannes, 12 Jahre – 12 Schicksale, Seite 24.

„Bibelforscherprozess" folgte, in welchem er zu drei Jahren Haft verurteilt wurde.[73]

Nachdem er seine Gefängnisstrafe abgesessen hatte, wurde er von den Nationalsozialisten direkt in sogenannte „Schutzhaft" genommen. Im April 1939 wurde Karl Schurstein in das Konzentrationslager Buchenwald eingewiesen und anschließend in das Konzentrationslager Sachsenhausen. Dort war er unter den Häftlingen bekannt dafür, dass er in seiner Beinprothese als verboten geltende Wachturm-Schriften schmuggelte und diese unter den Häftlingen mit dem lila Winkel verteilte.[74]

Im Jahr 1940 kam er dann in ein weiteres Konzentrationslager, welches auch sein letztes sein sollte. Er wurde in das Konzentrationslager Dachau deportiert, wo er trotz seiner körperlichen Behinderung knapp zwei Jahre lang hart und gewissenhaft arbeitete. Am 26. Februar 1942 wurde Karl Schurstein schließlich in das Schloss Hartheim bei Linz gebracht und dort noch am selben Tag vergast. Als Grund für seine Vergasung wurde genannt, dass er ein „lebensunwerter"[75] Mensch sei. Im Schloss Hartheim wurden insgesamt über 23.000 Menschen vergast, deren Leben als unwert bezeichnet wurde.[76]

Besonders erwähnenswert finde ich an dem Schicksal von Karl Schurstein, dass er aufgrund seiner aktiven Tätigkeit als Bezirksdienstleiter der Zeugen Jehovas inhaftiert wurde und auch aus diesem Grund in die Konzentrationslager deportiert wurde. Dennoch wurde als Grund für seine Vergasung sein „lebensunwertes" Dasein genannt. Des weiteren finde ich es sehr suspekt, dass jemand als Staatsfeind angesehen wurde, der nur wenige Jahr zuvor sein Leben an der Front für das Land riskierte und ihn dieses Land dann derart unterdrückt, verfolgt und bestraft.

---

[73] Vgl.: ebd., Seite 24.
[74] Vgl.: ebd., Seite 24f.
[75] Krenzer, Michael, aus: http://www.mkrenzer.de/nrwdid/leit11.htm, Zeile 5.
[76] Vgl.: John-Strucke, Kirsten, Krenzer, Michael, Wrobel, Johannes, 12 Jahre – 12 Schicksale, Seite 25.

5. Reflexion

Zusammenfassend ist zu sagen, dass es zu bedauern ist, dass die Zeugen Jehovas einen so negativen Stempel von der Gesellschaft aufgedrückt bekommen, wo die Menschen doch eigentlich so wenig von ihnen wissen. Zudem ist es sehr ärgerlich, dass in den Gedenkstätten der Konzentrationslager die Zeugen Jehovas nur sehr wenig bis gar keine Aufmerksamkeit geschenkt wird. Bei den Gründen hierfür stimme ich Sybil Milton zu, welche hierfür Desinteresse, Intoleranz, die bisherige Gedenkstättenpolitik, fehlende Dokumente, sowie fehlende Zeitzeugenaussagen nennt.[77]

Ich denke, dass ich es in meiner Ausarbeitung geschafft habe, die schicksalhafte Geschichte der Zeugen Jehovas im Dritten Reich, in einem angemessenen Umfang darzustellen.

Die Zeugen Jehovas, welche lange Zeit eine vergessene Opfergruppe darstellten, waren diejenigen, welche trotz der großen Steine, die ihnen in den Weg gelegt worden sind, immerzu an ihrem Glauben und den damit verbundenen Prinzipien festhielten und nach diesen ihr Leben ausrichteten.

Die von mir ausgewählten Schicksale unter Punkt 4.3 zeigen meinem Erachten nach sehr gut auf, wie extrem die Vorgehensweise der Nationalsozialisten gegenüber den Zeugen Jehovas war, nur weil diese eine eigene Überzeugung vertraten, welche unvereinbar mit der ihren waren. Weiter zeigen sie meiner Meinung nach die Standhaftigkeit des Glaubens und ihrer Überzeugungen, sowie ihr tiefes Vertrauen in Gott sehr gut auf.

Wenn man in Zukunft an die Opfer des Nationalsozialismus denkt, sollte man die Gruppe der Zeugen Jehovas nicht außer Acht lassen, auch wenn diese selbst nicht dafür sorgten, dass ihre grausame Vergangenheit in der Literatur festgehalten wird. Schließlich bildeten sie einen beachtlichen Anteil der verfolgten und unterdrückten Opfer.

---

[77] Vgl.: Milton, Sybil, Seite 30ff.

In meiner Hausarbeit habe ich aufgezeigt, was es mit der umstrittenen Glaubensrichtung der Zeugen Jehovas auf sich hat und wie sie im Dritten Reich unter Unterdrückung, Verfolgung und Inhaftierungen und teilweise auch unter Todesurteilen und Hinrichtungen zu leiden hatten. Trotz alledem haben sie an ihrem Glauben festgehalten. Und sind wir doch mal ehrlich während die nationalsozialistische Regierung, welche mit aller Willenskraft die Zeugen Jehovas ausschalten wollte, heute nicht mehr existiert, zählt die Glaubensgemeinschaft der Zeugen Jehovas heute rund fünf Millionen Mitglieder. Dies ist wohl das beste Zeichen dafür, dass etwas, von dem man wirklich überzeugt ist und an dem man voll und ganz festhält – komme was wolle – sich durchsetzt. Dieser Aspekt sollte jedem ein gutes Vorbild sein, auch wenn man den Glauben der Zeugen Jehovas nicht nachvollziehen kann oder nicht unterstützen möchte. Denn während unter den Nationalsozialisten viele Mitläufer oder verängstigte Bürger zu finden waren, finden wir unter den Zeugen Jehovas wirklich nur Mitglieder, welche hundertprozentig hinter ihrem Glauben stehen und für ihre Überzeugungen sogar den Tod nicht fürchten.

Abschließend finde ich das Zitat von Kurt Tucholsky – auf welches ich durch Michael Krenzer gestoßen bin – sehr zutreffend auf das Schicksal der Zeugen Jehovas:

„Denn nichts ist schwerer und nichts erfordert mehr Charakter, als sich in offenen Gegensatz zu seiner Zeit zu befinden und laut zu sagen: Nein."[78]

Dieses Zitat sagt aus, was einem wohl sofort einfällt, wenn man die Art und Weise des Widerstandes der Zeugen Jehovas betrachtet: diese Menschen hatten (beziehungsweise haben) Charakter und Mut. Man sollte daran zurückdenken ehe man die Zeugen Jehovas zukünftig ins Lächerliche zieht oder sie aufgrund ihres Glaubens aus der Gesellschaft ausschließt.

---

[78] Vgl.: Krenzer, Michael aus: http://www.mkrenzer.de/nrwdid/unterricht.htm.

6. Literaturverzeichnis

- Daxelmüller, Christoph, Solidarität und Überlebenswille. Religiöses und soziales Verhalten der Zeugen Jehovas in Konzentrationslagern, in: Hesse, Hans[Hrsg.], „Am mutigsten waren immer wieder die Zeugen Jehovas". Verfolgung und Widerstand der Zeugen Jehovas im Nationalsozialismus, Bremen, 1999, Seite 21-34.

- Friedlander, Henry, Kategorien der KZ-Häftlinge, in: Hesse, Hans[Hrsg.], „Am mutigsten waren immer wieder die Zeugen Jehovas". Verfolgung und Widerstand der Zeugen Jehovas im Nationalsozialismus, Bremen, 1999, Seite 16-20.

- Garbe, Detlev, Die Verfolgung der Zeugen Jehovas im nationalsozialistischen Deutschland – Ein Überblick, in: John-Strucke, Kirsten, Pflock, Andreas, Widerstand aus christlicher Überzeugung – Jehovas Zeugen im Nationalsozialismus: Dokumentation einer Tagung, Essen, 1998, Seite 16-28.

- Hacke, Gerald, Die Zeugen Jehovas im Dritten Reich und in der DDR. Feindbild und Verfolgungspraxis, Göttingen, 2011.

- Hesse, Hans[Hrsg.], „Am mutigsten waren immer wieder die Zeugen Jehovas". Verfolgung und Widerstand der Zeugen Jehovas im Nationalsozialismus, Bremen, 1999.

- John, Kirsten, „Mein Vater wird gesucht...". Häftlinge des Konzentrationslagers in Wewelsburg, Münster, 1998.

- John-Strucke, Kirsten, Krenzer, Michael, Wrobel, Johannes, 12 Jahre – 12 Schicksale. Fallbeispiele zur NS-Opfergruppe Jehovas Zeugen in Nordrhein-Westfalen, Münster, 2006.

- John-Strucke, Kirsten, Der "Lila Winkel" in Wewelsburg, in: John-Strucke, Kirsten, Pflock, Andreas, Widerstand aus christlicher Überzeugung – Jehovas Zeugen im Nationalsozialismus: Dokumentation einer Tagung, Essen, 1998, Seite 16-28.

- John-Strucke, Kirsten, Zeugen Jehovas im Konzentrationslager Wewelsburg, in: Hesse, Hans[Hrsg.], „Am mutigsten waren immer wieder die Zeugen Jehovas". Verfolgung und Widerstand der Zeugen Jehovas im Nationalsozialismus, Bremen, 1999, Seite 63-75.

- Milton, Sybil, Zeugen Jehovas – vergessene Opfer?, in: John-Strucke, Kirsten, Pflock, Andreas, Widerstand aus christlicher Überzeugung – Jehovas Zeugen im Nationalsozialismus: Dokumentation einer Tagung, Essen, 1998, Seite 29-38.

- Ritscher, Wolf, Bildungsarbeit an den Orten nationalsozialistischen Terrors. „Erziehung nach, in und über Auschwitz hinaus", Weinheim (u.a.), 2013.

- Slupina, Wolfram, Verfolgt und fast vergessen, in: Hesse, Hans[Hrsg.], „Am mutigsten waren immer wieder die Zeugen Jehovas". Verfolgung und Widerstand der Zeugen Jehovas im Nationalsozialismus, Bremen, 1999, Seite 318-343.

6.1 Internet

- Krenzer, Michael, http://www.mkrenzer.de/nrwdid/unterricht.htm
  Zugriff am 23.09.2014

- Krenzer, Michael, http://www.mkrenzer.de/nrwdid/fachwiss1.htm,
  Zugriff am 26.09.2014

- Krenzer, Michael, http://www.mkrenzer.de/nrwdid/material32.htm
  Zugriff am: 26.09.2014

- Krenzer, Michael, http://www.mkrenzer.de/nrwdid/material11.htm
  Zugriff am 26.09.2014

- Krenzer, Michael, http://www.mkrenzer.de/nrwdid/leit11.htm Zugriff am
  26.09.2014

6.2 Abbildungen

- **Abbildung 1:** Gegenüberstellung der Differenzen
  Krenzer, Michael, aus: http://www.mkrenzer.de/nrwdid/fachwiss1.htm,
  Zugriff am 26.09.2014

- **Abbildung 2:** Kennzeichen der KZ-Häftlinge
  aus: http://www.joerg-hutter.de/images/Politik/winkel.jpg

BEI GRIN MACHT SICH IHR WISSEN BEZAHLT

- Wir veröffentlichen Ihre Hausarbeit,
  Bachelor- und Masterarbeit

- Ihr eigenes eBook und Buch -
  weltweit in allen wichtigen Shops

- Verdienen Sie an jedem Verkauf

Jetzt bei www.GRIN.com hochladen
und kostenlos publizieren